«Il bambino è dotato di poteri sconosciuti, che possono guidare ad un avvenire luminoso. Se veramente si vuole mirare ad una ricostruzione, lo sviluppo delle potenzialità umane deve essere lo scopo dell'educazione.»

Maria Montessori,
La mente del bambino

Piccola nota per i genitori:

Questo piccolo dizionario nasce dall'amore di una mamma e dalla sua passione per la filosofia Montessori. Ogni dettaglio è stato studiato minuziosamente affinché il libro potesse essere degno di citare il nome della grande pedagogista.

Maria Montessori individuò nella prima infanzia un particolare interesse verso le parole nuove, che chiamò "fame di parole". Per questo motivo è importante fornire al bambino più strumenti possibili per rispondere al suo intenso amore per le parole.

In questo libro le parole sono tutte accompagnate da un'immagine reale perché, come sosteneva la Montessori, il bambino deve poter riconoscere quegli elementi nella realtà.

Lo sfondo delle foto è sempre bianco, così da attirare tutta l'attenzione del bambino sull'oggetto. Uno sfondo potrebbe confondere il bambino piccolo. Immaginate ad esempio di trovare accanto alla parola "cavallo" una foto dell'animale su un prato fiorito, accanto ad un albero e con una montagna sullo sfondo. Avremmo così ben sei elementi: il cielo, la montagna, il prato, i fiori, l'albero e il cavallo. Quale elemento sarà da associare alla parola? A noi sembra scontato, ma per un bambino molto piccolo non lo è.

Le parole sono scritte in corsivo e non in stampatello. Questo perché il corsivo è un tratto più naturale e più semplice, e presenta numerosi vantaggi rispetto alla lettura, come la facilità nella distinzione delle lettere. Nel corsivo ogni lettera ha una forma unica che permette al bambino di riconoscerla con più facilità e rapidità rispetto allo stampato.

Non viene seguito l'ordine alfabetico come nei normali vocabolari, ma le parole sono state raggruppate per categorie. Questo sistema ordinato per categorie di parole riflette la metodologia usata dalla Montessori con il materiale delle nomenclature.

"Il mio primo dizionario illustrato" propone gli elementi che appartengono alla quotidianità del bambino nei primi anni di vita. In questo modo potrà facilmente riconoscerli e ricordarne i nomi.

Il libro si divide in tre parti: la prima parte è il vero e proprio dizionario illustrato, la seconda parte contiene le immagini da ritagliare per creare le "carte Montessoriane", mentre alla fine troverete le "carte mute" e le sole nomenclature.

Si suggerisce di plastificare le carte ritagliate affinché possano essere più resistenti.

È importante affiancare alla lettura di questo libro le carte delle nomenclature, poiché in questo modo il bambino ha la possibilità di manipolare le parole appena ascoltate e giocarci in libertà. Inoltre così facendo si potrà proporre la "lezione dei tre tempi" o l'esercizio dell'appaiamento oggetto-immagine (alle carte vengono associati gli oggetti rappresentati nelle foto).

Per i bambini più grandi sono state aggiunte le cosiddette "carte mute", ovvero le immagini senza la parola scritta, da abbinare alle nomenclature. Questo materiale permette ai bambini di esercitarsi con la lettura e di autocorreggersi tramite le pagine del libro.

Indice:

Gli animali

La frutta

Gli ortaggi

Le piante

L'abbigliamento

I giocattoli

Le stoviglie

I veicoli

I colori

Le forme

Gli animali

cane	gatto
coniglio	pesce
gallina	chiocciola

La frutta

Gli ortaggi

carota	pomodoro
patata	cipolla
broccolo	zucchina

Le piante

L'abbigliamento

scarpe	camicia
cappello	calzini
pantaloncini	maglietta

I giocattoli

palla	macchinina
orsetto	bambola
costruzioni	trenino

Le stoviglie

forchetta	cucchiaio
bicchiere	piatto
ciotola	tazza

I veicoli

automobile	moto
aeroplano	elicottero
treno	camion

I colori

Le forme

cerchio	triangolo
quadrato	rettangolo
cuore	stella

Nelle prossime pagine
trovi le carte con le nomenclature
da ritagliare

cane	gatto
coniglio	pesce
gallina	chiocciola

mela	fragola
banana	prugna
pera	arancia

carota	pomodoro
patata	cipolla
broccolo	zucchina

scarpe	camicia
cappello	calzini
pantaloncini	maglietta

palla	macchinina
orsetto	bambola
costruzioni	trenino

automobile	moto
aeroplano	elicottero
treno	camion

Nelle prossime pagine trovi le carte mute e le nomenclature da ritagliare

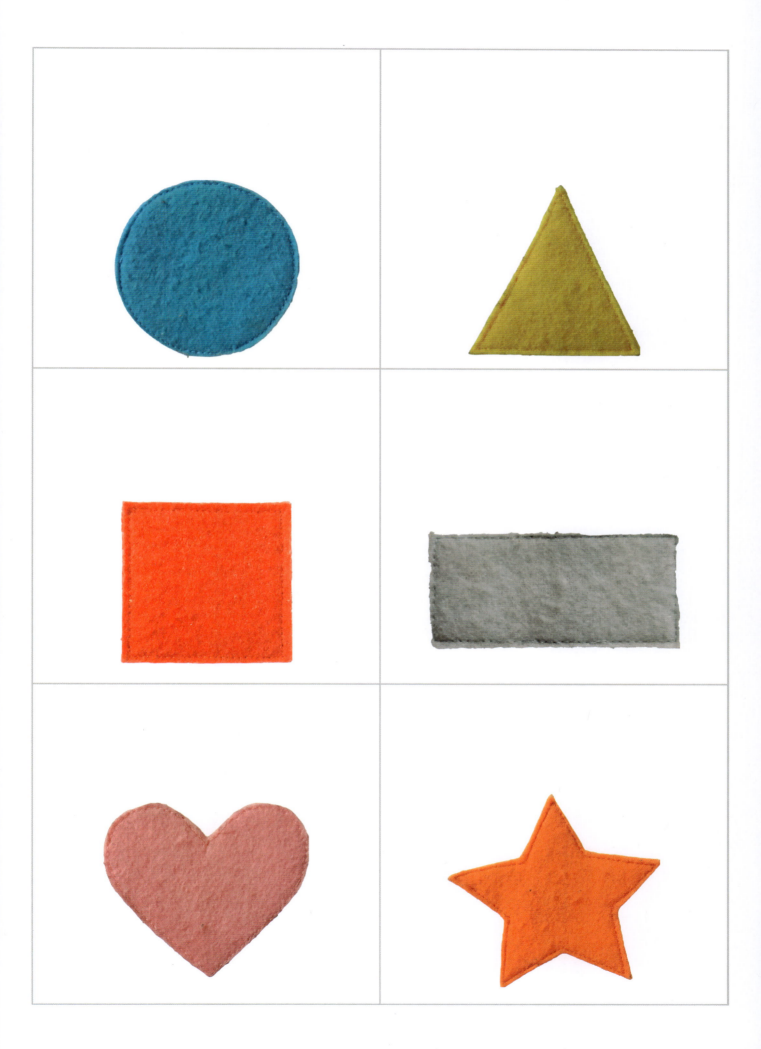

cane	pesce
gatto	gallina
coniglio	chiocciola
mela	prugna
fragola	pera
banana	arancia
carota	cipolla
pomodoro	broccolo
patata	zucchina

albero	fiore
foglia	erba
cactus	edera
scarpe	calzini
camicia	pantaloncini
cappello	maglietta
palla	bambola
macchinina	costruzioni
orsetto	trenino

forchetta	piatto
cucchiaio	ciotola
bicchiere	tazza
automobile	elicottero
moto	treno
aereoplano	camion
rosso	viola
verde	blu
giallo	arancione

cerchio	rettangolo
triangolo	cuore
quadrato	stella

Seguimi su Instagram (@mamma.mimma) per scoprire tante altre attività Montessoriane che puoi fare a casa.

Se mi lascerai una recensione su Amazon, ti ringrazierò regalandoti un pdf con 16 carte delle nomenclature (contattami su instagram per ricevere il file)

Potrebbero interessarti anche:

Scansiona il codice qr per vederli tutti su Amazon

Printed by Amazon Italia Logistica S.r.l.
Torrazza Piemonte (TO), Italy